RANJOT SINGH CHAHAL

# Reddito Passivo

*Strategie, Mitologie e Sfide Fiscali*

*Copyright © 2024 by Ranjot Singh Chahal*

*All rights reserved. No part of this publication may be reproduced, stored or transmitted in any form or by any means, electronic, mechanical, photocopying, recording, scanning, or otherwise without written permission from the publisher. It is illegal to copy this book, post it to a website, or distribute it by any other means without permission.*

*First edition*

# Contents

| | | |
|---|---|---|
| 1 | Introduzione al reddito passivo | 1 |
| 2 | Comprendere il concetto di reddito passivo | 4 |
| 3 | Flussi comuni di reddito passivo | 10 |
| 4 | Definizione degli obiettivi finanziari per il reddito... | 19 |
| 5 | Creare una strategia di reddito passivo | 24 |
| 6 | I miti del reddito passivo sfatati | 32 |
| 7 | Considerazioni sull'imposta passiva sul reddito | 46 |
| 8 | Superare le sfide comuni nel reddito passivo | 50 |

# 1

# Introduzione al reddito passivo

Il reddito passivo è un mezzo per generare guadagni che richiedono uno sforzo minimo per essere mantenuti. A differenza del reddito attivo, che implica lo scambio di tempo con denaro attraverso l'impiego tradizionale o il lavoro freelance, i flussi di reddito passivo sono progettati per generare entrate indipendentemente dal fatto che tu stia lavorando attivamente. Questo concetto è spesso associato all'indipendenza finanziaria e al raggiungimento di uno stile di vita più flessibile.

Il reddito passivo può provenire da varie fonti, incluse ma non limitate a:

1. Investimenti: investire in azioni, obbligazioni, immobili o altre attività finanziarie può generare reddito passivo attraverso dividendi, interessi o plusvalenze.

2. Proprietà in affitto: possedere proprietà in affitto ti consente di guadagnare un reddito passivo attraverso gli inquilini che

pagano l'affitto.

3. Proprietà aziendale: gestire un'impresa senza un coinvolgimento attivo, assumendo dipendenti o esternalizzando attività, può generare reddito passivo.

4. Royalty: artisti, scrittori, musicisti e inventori possono guadagnare entrate passive attraverso royalties sulle loro creazioni.

5. Marketing di affiliazione: promozione di prodotti o servizi e guadagno di una commissione per le vendite effettuate tramite il tuo link di affiliazione univoco.

6. Prodotti digitali: vendita di prodotti digitali come e-book, corsi online o software che possono essere automatizzati per la vendita e la consegna.

Sebbene l'idea del reddito passivo possa sembrare allettante, è essenziale capire che la creazione di flussi di reddito passivo di solito richiede notevoli sforzi iniziali, tempo e talvolta capitale. Non è del tutto "a mani libere" poiché spesso comporta la configurazione iniziale, il monitoraggio e la manutenzione occasionale per garantire che il reddito continui a fluire.

Costruire flussi di reddito passivo sostenibili implica un'attenta pianificazione, investimenti nelle giuste opportunità e una continua ottimizzazione per massimizzare i rendimenti. La diversificazione è fondamentale anche per mitigare i rischi e garantire un flusso costante di reddito passivo nel lungo termine.

In definitiva, il reddito passivo offre il potenziale per integrare o addirittura sostituire le tradizionali fonti di reddito attivo, fornendo maggiore sicurezza finanziaria, indipendenza e libertà di perseguire altri interessi e obiettivi. Con dedizione, processo decisionale intelligente e perseveranza, chiunque può costruire un portafoglio di reddito passivo di successo e lavorare per raggiungere la libertà finanziaria.

# 2

# Comprendere il concetto di reddito passivo

Il reddito passivo è un termine ampiamente utilizzato nei circoli della finanza personale e degli investimenti per descrivere i guadagni derivanti da attività in cui un individuo non è attivamente coinvolto. È un flusso di reddito che continua ad affluire con uno sforzo minimo o nullo da parte del destinatario. Comprendere il concetto di reddito passivo implica comprendere le varie fonti, vantaggi e strategie ad esso associati.

Fonti di reddito passivo

Il reddito passivo può essere generato da varie fonti. Alcuni esempi comuni includono:

1. Investimenti: uno dei modi più popolari per generare reddito passivo è attraverso investimenti in azioni, obbligazioni, fondi comuni di investimento e altri strumenti finanziari. Il reddito può provenire da dividendi, pagamenti di interessi o plusvalenze.

2. Settore immobiliare: il settore immobiliare è un'altra fonte redditizia di reddito passivo. Le proprietà in affitto, il crowdfunding immobiliare e i fondi comuni di investimento immobiliare (REIT) offrono opportunità per generare reddito continuo.

3. Royalty: autori, musicisti, artisti e inventori possono guadagnare entrate passive attraverso royalty su proprietà intellettuale come libri, musica, opere d'arte e brevetti.

4. Marketing di affiliazione: promuovendo prodotti o servizi tramite link di affiliazione, gli individui possono guadagnare un reddito passivo basato sulle vendite o sui lead generati attraverso i loro referral.

5. Corsi online e prodotti digitali: creare e vendere corsi online, e-book, modelli e altri prodotti digitali può essere un modo redditizio per guadagnare un reddito passivo.

6. Prestiti peer-to-peer: le piattaforme che facilitano i prestiti peer-to-peer consentono agli individui di guadagnare un reddito passivo fornendo prestiti ai mutuatari e guadagnando interessi sui rimborsi.

7. Proprietà aziendale: anche possedere un'azienda gestita da altri può generare reddito passivo, a condizione che l'azienda sia strutturata per funzionare senza una supervisione costante.

Tipi di reddito passivo

Il reddito passivo può essere classificato in due tipologie principali in base al livello di coinvolgimento richiesto da chi lo percepisce:

1. Reddito veramente passivo: questo tipo di reddito richiede uno sforzo minimo o nullo una volta completata la configurazione iniziale. Gli esempi includono redditi da locazione di immobili gestiti da una società di gestione immobiliare e dividendi da azioni.

2. Reddito semi-passivo: le fonti di reddito semi-passivo possono richiedere un monitoraggio o una manutenzione occasionale per garantire una continua generazione di entrate. Gli esempi includono le entrate provenienti da un blog o da un canale YouTube che richiede aggiornamenti periodici e creazione di contenuti.

Vantaggi del reddito passivo

1. Indipendenza finanziaria

Il reddito passivo svolge un ruolo cruciale nel raggiungimento dell'indipendenza finanziaria. Diversificando i flussi di reddito e riducendo la dipendenza da un lavoro tradizionale, gli individui possono acquisire un maggiore controllo sul proprio futuro finanziario. Avere un reddito passivo consente una maggiore flessibilità nel perseguire obiettivi e interessi personali, senza essere vincolati dalla necessità di lavorare per uno stipendio.

2. Accumulazione di ricchezza

Il reddito passivo può essere un fattore chiave per l'accumulo di ricchezza nel tempo. Reinvestendo il reddito passivo in ulteriori asset o investimenti generatori di reddito, gli individui possono sfruttare il potere del compounding per accelerare la crescita della ricchezza. Questo effetto cumulativo può comportare una crescita esponenziale del patrimonio netto e del benessere finanziario.

3. Flessibilità e libertà di tempo

Uno dei vantaggi più significativi del reddito passivo è la possibilità di liberare tempo e godere di una maggiore flessibilità nel modo in cui viene speso. Poiché i flussi di reddito passivo continuano a generare denaro, gli individui hanno la libertà di perseguire altri interessi, trascorrere più tempo con la famiglia, viaggiare o impegnarsi in attività che li appassionano. Questo migliore equilibrio tra lavoro e vita privata può portare a una migliore qualità della vita e al benessere generale.

4. Diversificazione del rischio

Avere più flussi di reddito passivo può aiutare a diversificare il rischio e tutelarsi da recessioni finanziarie inaspettate o perdita di posti di lavoro. A differenza di un singolo lavoro in cui il reddito dipende da una fonte, il reddito passivo proveniente da vari flussi fornisce un certo grado di sicurezza e stabilità finanziaria. La diversificazione aiuta anche a compensare le potenziali perdite in un flusso di reddito con guadagni in altri, riducendo il rischio finanziario complessivo.

5. Scalabilità e potenziale di crescita

I flussi di reddito passivo hanno il potenziale per aumentare nel tempo, consentendo agli individui di aumentare la propria capacità di guadagno senza aumentare proporzionalmente i propri sforzi. Ottimizzando le risorse generatrici di reddito esistenti o espandendosi in nuove aree, gli individui possono aumentare il proprio reddito passivo in modo esponenziale. Questa scalabilità apre opportunità per la creazione di ricchezza a lungo termine e la prosperità finanziaria.

6. Creazione di risorse

Le fonti di reddito passivo spesso implicano il possesso di beni che generano reddito come proprietà immobiliari, azioni che pagano dividendi o prodotti digitali. Acquisendo e costruendo queste attività, gli individui possono creare un portafoglio di flussi di reddito che forniscono flusso di cassa continuo e potenziale di apprezzamento. Questi beni possono anche essere tramandati in eredità alle generazioni future, creando una base finanziaria duratura per gli eredi.

7. Pianificazione pensionistica

Il reddito passivo svolge un ruolo fondamentale nella pianificazione pensionistica poiché fornisce una fonte di reddito affidabile e sostenibile durante gli anni di pensionamento. Costruire flussi di reddito passivo nelle prime fasi della vita consente agli individui di accumulare ricchezza e pianificare una pensione confortevole senza fare affidamento esclusivamente sui risparmi o sui benefici pensionistici. Creando un portafoglio diversificato di fonti di reddito passivo, gli individui possono garantire il proprio futuro finanziario e godersi una pensione senza preoccupazioni.

8. Opportunità imprenditoriali

Per gli aspiranti imprenditori o le persone che desiderano avviare un'impresa, il reddito passivo può fungere da preziosa fonte di capitale iniziale o reddito supplementare. Generando reddito passivo attraverso investimenti o iniziative collaterali, gli individui possono finanziare i propri sforzi imprenditoriali ed esplorare nuove opportunità di business senza la pressione finanziaria di fare affidamento esclusivamente sull'azienda per il reddito. Questo cuscinetto finanziario può dare agli imprenditori la libertà di assumersi rischi calcolati e perseguire idee innovative.

Conclusione

Il reddito passivo è un potente strumento di creazione di ricchezza che offre numerosi vantaggi alle persone che cercano libertà e indipendenza finanziaria. Comprendendo il concetto di reddito passivo, esplorando le sue diverse fonti e sfruttandone i vantaggi, gli individui possono creare un flusso di reddito sostenibile che cresce nel tempo e fornisce una sicurezza finanziaria duratura. Che si tratti di investimenti, beni immobili, royalties o altre fonti di reddito passivo, il potenziale per generare reddito passivo è vasto e offre opportunità di accumulo di ricchezza a lungo termine, diversificazione del rischio e migliore qualità della vita. Abbracciare il reddito passivo come strumento finanziario strategico può aprire la strada a un futuro più sicuro e prospero, in cui gli obiettivi finanziari sono a portata di mano e il percorso verso la libertà finanziaria è ben definito.

# 3

# Flussi comuni di reddito passivo

I comuni flussi di reddito passivo che hai citato: proprietà in affitto, investimenti in dividendi, marketing di affiliazione, corsi online, e-book ed editoria. Cominciamo con le proprietà in affitto.

1. Proprietà in affitto:
Gli immobili in affitto sono un classico esempio di reddito passivo. Possedendo un immobile, è possibile generare redditi da locazione su base regolare, costruendo allo stesso tempo capitale proprio nella proprietà. Questa può essere una forma redditizia di reddito passivo, ma comporta anche sfide e responsabilità.

Come funzionano le proprietà in affitto:
Gli investitori acquistano proprietà immobiliari, come case, appartamenti o edifici commerciali, e li affittano agli inquilini. Il reddito locativo ricevuto dagli inquilini costituisce una fonte di reddito passivo. Oltre al reddito da locazione, i proprietari di immobili possono beneficiare dell'apprezzamento del valore

dell'immobile nel tempo.

Vantaggi delle proprietà in affitto:

UN. Reddito continuo: le proprietà in affitto possono fornire un flusso costante di reddito ogni mese.

B. Apprezzamento del valore della proprietà: le proprietà immobiliari tendono ad aumentare di valore nel tempo, consentendo ai proprietari di creare ricchezza attraverso l'apprezzamento della proprietà.

C. Benefici fiscali: i proprietari di immobili possono usufruire di detrazioni fiscali, come interessi ipotecari, tasse sulla proprietà e ammortamenti, per ridurre la loro responsabilità fiscale.

Contro delle proprietà in affitto:

UN. Gestione della proprietà: trattare con gli inquilini, i problemi di manutenzione e la gestione della proprietà può richiedere molto tempo ed essere stressante.

B. Volatilità del mercato: i mercati immobiliari possono essere soggetti a fluttuazioni e flessioni, che incidono sui valori degli immobili e sulla domanda di affitto.

C. Investimento iniziale: l'acquisizione e il mantenimento di proprietà in affitto richiedono un investimento iniziale significativo in termini di acconti, riparazioni e spese correnti.

Esempio:

John acquista una proprietà in affitto in un quartiere popolare e la affitta agli inquilini. Dopo aver coperto il mutuo, le tasse e le spese, John genera un profitto mensile di $ 500 dal reddito da locazione. Nel corso del tempo, la proprietà aumenta di valore, aumentando ulteriormente la ricchezza di John.

Successivamente, esploriamo l'investimento in dividendi come flusso di reddito passivo.

2. Investimento in dividendi:

L'investimento in dividendi comporta l'acquisto di azioni o fondi che pagano dividendi regolari agli azionisti. I dividendi sono una parte degli utili di una società distribuiti agli investitori, fornendo una fonte di reddito passivo separata dalle plusvalenze.

Come funziona l'investimento sui dividendi:

Gli investitori selezionano azioni che pagano dividendi o fondi focalizzati sui dividendi per costruire un portafoglio che generi reddito passivo attraverso pagamenti regolari di dividendi. Le società che pagano i dividendi in genere lo fanno su base trimestrale, fornendo agli investitori un flusso di reddito affidabile.

Vantaggi dell'investimento in dividendi:

UN. Reddito passivo: i pagamenti dei dividendi offrono una fonte costante di reddito passivo per gli investitori.

B. Partecipazione azionaria: gli investitori traggono vantaggio dal possedere azioni di società redditizie che condividono i loro guadagni con gli azionisti.

C. Crescita dei dividendi: alcune società aumentano la distribuzione dei dividendi nel tempo, consentendo agli investitori di beneficiare di un reddito crescente.

Contro dell'investimento in dividendi:

UN. Rischio di mercato: i prezzi delle azioni possono essere volatili, incidendo sul valore dell'investimento oltre che sul reddito da dividendi.

B. Tagli dei dividendi: le società possono ridurre o eliminare i pagamenti dei dividendi in condizioni economiche difficili o difficoltà finanziarie.

C. Potenziale di crescita limitato: i titoli azionari con dividendi potrebbero non offrire lo stesso potenziale di crescita dei titoli a crescita elevata focalizzati sull'apprezzamento del capitale.

Esempio:

Sarah investe in un portafoglio diversificato di azioni che pagano dividendi di vari settori. Attraverso i suoi investimenti, riceve pagamenti trimestrali di dividendi dalle società nel suo portafoglio, generando un flusso di reddito passivo. Nel corso del tempo, man mano che alcune aziende aumentano i dividendi, il reddito di Sarah cresce.

Passare al marketing di affiliazione come flusso di reddito passivo:

3. Marketing di affiliazione:

Il marketing di affiliazione è un modo popolare per guadagnare un reddito passivo promuovendo prodotti o servizi e guadagnando una commissione sulle vendite o sui referral. Implica la collaborazione con aziende come affiliato per promuovere i loro prodotti attraverso vari canali di marketing.

Come funziona il marketing di affiliazione:

Gli operatori di marketing di affiliazione aderiscono ai programmi di affiliazione offerti dalle aziende e ricevono collegamenti di tracciamento unici per promuovere prodotti o servizi. Quando i clienti effettuano un acquisto o completano un'azione desiderata tramite il link dell'affiliato, l'affiliato guadagna una commissione dalla vendita.

Vantaggi del marketing di affiliazione:

UN. Reddito passivo: una volta impostati, i collegamenti di affiliazione possono generare entrate senza un coinvolgimento attivo continuo.

B. Gamma di prodotti diversificata: gli affiliati possono promuovere una vasta gamma di prodotti o servizi in diverse nicchie.

C. Bassa barriera all'ingresso: il marketing di affiliazione può essere avviato con costi iniziali minimi e non richiede la creazione del prodotto.

Contro del marketing di affiliazione:

UN. Struttura delle commissioni: le commissioni possono variare in base al prodotto o al programma, incidendo sui guadagni dell'affiliato.

B. Panorama competitivo: lo spazio del marketing di affiliazione può essere competitivo e richiedere agli affiliati di distinguersi per attirare le vendite.

C. Dipendenza dai programmi: le modifiche ai programmi o ai termini di affiliazione possono avere un impatto sul reddito di un affiliato e richiedono un adattamento.

Esempio:

Emily gestisce un blog incentrato sui consigli di viaggio e consiglia attrezzature da viaggio tramite collegamenti di affiliazione sul suo sito web. Quando i lettori fanno clic sui collegamenti ed effettuano acquisti, Emily guadagna una commissione dalle vendite. Nel corso del tempo, man mano che il suo blog attira più traffico, il reddito passivo di Emily derivante dal marketing di affiliazione aumenta.

Ora parliamo dei corsi online come flusso di reddito passivo:

4. Corsi on-line:
Creare e vendere corsi online è un modo popolare per generare reddito passivo condividendo conoscenze o competenze con un vasto pubblico. I corsi online possono essere creati su vari argomenti e venduti attraverso piattaforme online o siti Web personali.

Come funzionano i corsi online:
I creatori sviluppano corsi online su argomenti di cui sono informati e che possono insegnare in modo efficace. Questi corsi sono generalmente strutturati con lezioni video, quiz e altri materiali. Una volta creati, i corsi online possono essere commercializzati e venduti agli studenti che desiderano acquisire nuove competenze o conoscenze.

Pro dei corsi online:
UN. Scalabilità: i corsi online possono raggiungere un pubblico globale senza limitazioni geografiche, consentendo ai creatori di ampliare il proprio potenziale di reddito.

B. Contenuti sempreverdi: una volta creati, i corsi online possono generare entrate passive nel tempo senza la necessità di aggiornamenti continui.

C. Libertà creativa: i creatori hanno l'autonomia di progettare corsi in base alle loro competenze e interessi, offrendo contenuti preziosi agli studenti.

Contro dei corsi online:

UN. Concorrenza: il mercato dei corsi online è competitivo e richiede ai creatori di trovare angoli o strategie di marketing unici per distinguersi.

B. Sviluppo iniziale: la creazione di corsi online di alta qualità richiede tempo, impegno e talvolta investimenti finanziari in strumenti o piattaforme per la creazione dei corsi.

C. Sforzi di marketing: vendere con successo corsi online richiede strategie di marketing efficaci per attirare studenti e incentivare le vendite.

Esempio:
Mark, fotografo professionista, crea un corso online insegnando tecniche fotografiche avanzate. Vende il corso su una popolare piattaforma di apprendimento online e guadagna un reddito passivo man mano che nuovi studenti si iscrivono al corso. Con recensioni e feedback positivi, il corso di Mark guadagna popolarità, portando a un flusso costante di reddito passivo.

Infine, esploriamo gli e-book e l'editoria come flusso di reddito passivo:

5. E-book ed editoria:
Scrivere e pubblicare e-book è un modo redditizio per generare entrate passive condividendo contenuti scritti su vari argomenti. Gli e-book possono essere autopubblicati e venduti attraverso piattaforme online, raggiungendo un vasto pubblico di lettori in cerca di informazioni preziose o intrattenimento.

Come funzionano gli e-book e l'editoria:
Gli autori scrivono e formattano e-book su argomenti di

interesse, narrativa, saggistica o guide. Questi e-book vengono quindi autopubblicati su piattaforme come Amazon Kindle Direct Publishing o altri rivenditori di e-book. Gli autori guadagnano royalties dalle vendite di e-book, fornendo una fonte di reddito passivo nel tempo.

Pro degli e-book e dell'editoria:

UN. Reddito passivo: gli e-book possono continuare a generare reddito finché rimangono disponibili per l'acquisto online.

B. Bassi costi di pubblicazione: l'autopubblicazione di e-book comporta costi iniziali minimi rispetto ai percorsi di pubblicazione tradizionali.

C. Controllo dell'autore: gli autori mantengono il controllo creativo sul contenuto, sul design della copertina, sui prezzi e sulla distribuzione dei loro e-book.

Contro degli e-book e dell'editoria:

UN. Saturazione del mercato: il mercato degli e-book può essere saturo, rendendo difficile per i nuovi autori distinguersi e attirare i lettori.

B. Sforzi di marketing: gli autori devono investire tempo e sforzi nel marketing dei loro e-book per raggiungere un pubblico più vasto e incrementare le vendite.

C. Qualità e promozione: contenuti di alta qualità e una promozione efficace sono essenziali affinché gli e-book abbiano successo in un mercato competitivo.

Esempio:

Amy, una nutrizionista, scrive un e-book sulle sane abitudini alimentari e lo autopubblica su Amazon Kindle. Man mano che i lettori interessati alla nutrizione e al benessere scoprono il suo e-book, Amy guadagna royalties su ogni vendita. Recensioni e raccomandazioni positive portano a una maggiore visibilità e a un reddito passivo più elevato derivante dalle vendite dei suoi e-book.

In conclusione, i flussi di reddito passivo come proprietà in affitto, investimenti in dividendi, marketing di affiliazione, corsi online, e-book ed editoria offrono varie opportunità agli individui di generare reddito con il minimo sforzo continuo. Ogni flusso di reddito passivo presenta vantaggi e sfide, che richiedono un'attenta considerazione di fattori quali investimento iniziale, condizioni di mercato, concorrenza e strategie di marketing. Diversificando i flussi di reddito passivo e sfruttando diversi canali, gli individui possono costruire una fonte sostenibile di reddito passivo che contribuisce alla loro stabilità finanziaria e all'accumulo di ricchezza a lungo termine.

# 4

# Definizione degli obiettivi finanziari per il reddito passivo

Quando si stabiliscono obiettivi finanziari per il reddito passivo, è importante considerare vari fattori come la situazione finanziaria attuale, la tolleranza al rischio, l'orizzonte temporale e lo stile di vita desiderato. Il reddito passivo si riferisce al reddito guadagnato con uno sforzo minimo o con un coinvolgimento attivo, come redditi da locazione, dividendi da investimenti, interessi attivi, royalties o reddito da un'azienda con scarso coinvolgimento quotidiano. Stabilire obiettivi finanziari per il reddito passivo può aiutare le persone a raggiungere l'indipendenza finanziaria, creare ricchezza e creare un futuro finanziario più sicuro.

Ecco alcuni passaggi chiave da considerare quando si stabiliscono obiettivi finanziari per il reddito passivo:

1. Valuta la tua situazione finanziaria attuale:
   Prima di stabilire obiettivi finanziari per il reddito passivo, è essenziale valutare la tua situazione finanziaria attuale. Ciò

include la comprensione delle fonti di reddito, delle spese, delle attività, delle passività e del flusso di cassa. Determina l'eventuale reddito passivo che stai attualmente generando e valuta la tua salute finanziaria generale.

2. Definisci i tuoi obiettivi finanziari:

Stabilire obiettivi finanziari chiari e specifici per il reddito passivo. Determina quanto reddito passivo desideri generare, entro quando e per quale scopo. I tuoi obiettivi potrebbero includere il raggiungimento dell'indipendenza finanziaria, il pensionamento anticipato, la creazione di ricchezza o la creazione di un flusso costante di reddito per sostenere il tuo stile di vita.

3. Identifica la tua tolleranza al rischio:

Considera la tua tolleranza al rischio quando stabilisci obiettivi finanziari per il reddito passivo. Alcuni flussi di reddito passivo, come l'investimento in azioni o l'avvio di un'impresa, possono comportare rischi più elevati ma offrono il potenziale per rendimenti più elevati. Altri, come gli investimenti immobiliari o i prestiti peer-to-peer, possono offrire rendimenti più stabili ma inferiori. Comprendi la tua tolleranza al rischio e scegli strategie di reddito passivo in linea con il tuo profilo di rischio.

4. Determina il tuo orizzonte temporale:

Considera il tuo orizzonte temporale quando stabilisci gli obiettivi finanziari per il reddito passivo. Determina se stai cercando un reddito passivo a breve termine per coprire le spese immediate o un reddito passivo a lungo termine per sostenere la tua pensione o l'indipendenza finanziaria. Il tuo orizzonte temporale influenzerà le strategie di reddito passivo che sceglierai e i veicoli di investimento che selezionerai.

5. Scegli strategie di reddito passivo:
Esplora diverse strategie di reddito passivo e scegli quelle che si allineano ai tuoi obiettivi finanziari, alla tua tolleranza al rischio e al tuo orizzonte temporale. Le strategie comuni di reddito passivo includono:
- Investire in azioni che pagano dividendi
- Locazione di immobili
- Investire in piattaforme di prestito peer-to-peer
- Creazione e vendita di prodotti o corsi digitali
- Costruire un blog o un canale YouTube per le entrate pubblicitarie
- Avvio di un'attività di reddito passivo, come un negozio dropshipping
- Investire in fondi indicizzati o fondi negoziati in borsa (ETF)

6. Crea un portafoglio diversificato:
Diversifica le tue fonti di reddito passivo per ridurre il rischio e aumentare la stabilità. Evita di fare affidamento esclusivamente su un flusso di reddito passivo, poiché ciò può renderti vulnerabile alle fluttuazioni del mercato o ai cambiamenti in un settore specifico. Diversificando le fonti di reddito passivo, puoi creare un flusso di reddito più resiliente in grado di resistere a recessioni economiche o eventi imprevisti.

7. Imposta i traguardi e monitora i tuoi progressi:
Suddividi i tuoi obiettivi finanziari per il reddito passivo in traguardi più piccoli e monitora regolarmente i tuoi progressi. L'impostazione di traguardi può aiutarti a rimanere motivato, monitorare le tue prestazioni e apportare le modifiche neces-

sarie. Rivedi regolarmente le tue fonti di reddito passivo, la performance degli investimenti e la salute finanziaria generale per assicurarti di essere sulla buona strada per raggiungere i tuoi obiettivi.

8. Reinvesti e aumenta il tuo reddito passivo:

Prendi in considerazione la possibilità di reinvestire il tuo reddito passivo per accelerare il tuo processo di creazione di ricchezza. Reinvestire i tuoi guadagni può aiutarti ad aumentare i tuoi rendimenti nel tempo, portando a una crescita esponenziale del tuo flusso di reddito passivo. Man mano che il tuo reddito passivo cresce, valuta la possibilità di reinvestire una parte dei tuoi guadagni per espandere il tuo portafoglio o diversificarlo in nuove attività generatrici di reddito.

9. Monitora e modifica le tue strategie:

Sii flessibile e disposto ad adattare le tue strategie di reddito passivo secondo necessità. Monitora la performance delle tue fonti di reddito passivo, rimani informato sulle tendenze del mercato e adatta le tue strategie in base alle mutevoli circostanze. Rimanendo proattivo e reattivo alle condizioni del mercato, puoi ottimizzare il flusso di reddito passivo e massimizzare i tuoi obiettivi finanziari.

10. Richiedi una consulenza professionale:

Valuta la possibilità di chiedere consiglio a consulenti finanziari, professionisti fiscali o esperti di investimenti quando stabilisci obiettivi finanziari per il reddito passivo. Un professionista può fornire una guida personalizzata, aiutarti a prendere decisioni di investimento complesse e fornire preziosi approfondimenti per ottimizzare le tue strategie di reddito passivo. Consultare un esperto finanziario può aiutarti a prendere decisioni informate e a raggiungere i tuoi obiettivi finanziari in modo più efficace.

In conclusione, stabilire obiettivi finanziari per il reddito passivo è un passo essenziale verso il raggiungimento dell'indipendenza finanziaria, la creazione di ricchezza e la garanzia di un futuro finanziario più stabile. Valutando la tua attuale situazione finanziaria, definendo obiettivi chiari, scegliendo strategie di reddito passivo appropriate e monitorando i tuoi progressi, puoi creare un flusso di reddito sostenibile che supporti le tue esigenze finanziarie e il tuo stile di vita. Ricorda di considerare la tua tolleranza al rischio, l'orizzonte temporale e la diversificazione quando selezioni le strategie di reddito passivo e di essere pronto ad adattare il tuo approccio secondo necessità per raggiungere i tuoi obiettivi finanziari.

# 5

# Creare una strategia di reddito passivo

La creazione di una strategia di reddito passivo è essenziale per costruire ricchezza e sicurezza finanziaria nel tempo. I flussi di reddito passivo possono offrirti l'opportunità di guadagnare denaro con il minimo sforzo continuo, permettendoti di generare reddito anche quando non lavori attivamente. In questa guida completa, approfondiremo il concetto di reddito passivo, esploreremo varie strategie di reddito passivo e forniremo esempi per aiutarti a capire come creare un portafoglio di reddito passivo di successo.

Comprendere il reddito passivo

Il reddito passivo è il reddito che guadagni senza lavorare attivamente, spesso generato da investimenti, proprietà immobiliari, royalties o attività in cui non sei direttamente coinvolto nelle operazioni quotidiane. Offre il potenziale per creare ricchezza e raggiungere l'indipendenza finanziaria creando flussi di entrate che richiedono pochi sforzi continui per essere mantenuti. A differenza del reddito attivo, che richiede tempo e lavoro continui, il reddito passivo ti consente di guadagnare denaro mentre dormi, viaggi o persegui altri interessi.

Perché creare una strategia di reddito passivo?

1. Libertà finanziaria: creando flussi di reddito passivo, puoi raggiungere la libertà e l'indipendenza finanziaria. Queste fonti di reddito possono fornirti stabilità finanziaria e ridurre la dipendenza da un lavoro tradizionale.

2. Diversificazione: il reddito passivo ti consente di diversificare le tue fonti di reddito, riducendo i rischi associati al fare affidamento esclusivamente su un'unica fonte di reddito.

3. Flessibilità: il reddito passivo offre flessibilità e può liberare tempo, permettendoti di concentrarti su altre attività, trascorrere del tempo con la famiglia o viaggiare senza preoccuparti delle tue finanze.

4. Creazione di ricchezza: i flussi di reddito passivo possono aiutarti a creare ricchezza nel tempo generando flussi di cassa costanti e aumentando il tuo patrimonio netto complessivo.

Tipi di strategie di reddito passivo

1. Investimenti immobiliari

Investire nel settore immobiliare è una popolare strategia di reddito passivo che prevede l'acquisto di proprietà per generare redditi da locazione e rivalutazione del capitale. Esistono diversi modi per generare reddito passivo attraverso il settore immobiliare:

- Proprietà in affitto: acquistare proprietà residenziali o commerciali e affittarle agli inquilini può fornire un flusso costante di reddito passivo.
 - Crowdfunding immobiliare: investire in piattaforme di crowdfunding immobiliare ti consente di mettere in comune i tuoi soldi con altri investitori per acquistare proprietà e ricevere una quota dei redditi da locazione e dei profitti.
- REIT (Fondi comuni di investimento immobiliare): investire in REIT offre esposizione ai mercati immobiliari senza possedere direttamente proprietà. I REIT generano reddito attraverso redditi da locazione, plusvalenze e dividendi.

Esempio: Sara acquista un immobile in affitto e lo affitta agli inquilini. Il reddito da locazione che riceve ogni mese genera reddito passivo, mentre la proprietà aumenta di valore nel tempo, aumentando ulteriormente la sua ricchezza.

2. Azioni con dividendi e investimenti

Investire in azioni e asset che pagano dividendi ti consente di guadagnare un reddito passivo attraverso pagamenti regolari di dividendi. Le azioni da dividendo sono azioni di società che distribuiscono una parte dei loro profitti agli azionisti.

- Azioni con dividendi: investendo in società affermate con una storia di pagamento di dividendi, puoi guadagnare un reddito regolare da questi investimenti.
 - ETF sui dividendi (Exchange-Traded Funds): gli ETF che si concentrano su azioni che pagano dividendi forniscono un

modo diversificato per generare reddito passivo da più società.

Esempio: John investe in azioni che pagano dividendi di società affidabili. Riceve pagamenti di dividendi trimestrali, che gli forniscono un flusso di reddito costante senza negoziare attivamente azioni.

3. Prodotti digitali e attività online

La creazione e la vendita di prodotti digitali, come e-book, corsi online, software o app, possono generare entrate passive. Una volta creati e commercializzati questi prodotti, possono guadagnare denaro per te su base continuativa.

- E-book e corsi online: la creazione di e-book didattici o corsi online ti consente di guadagnare un reddito passivo dalle vendite a un pubblico globale.
 - Software e app: lo sviluppo di prodotti software o app mobili che risolvono un problema specifico può generare entrate tramite vendite o abbonamenti.

Esempio: Emily crea un corso online sul marketing digitale. Una volta avviato il corso, genera un reddito passivo man mano che gli studenti si iscrivono e acquistano i materiali del corso.

4. Prestito peer-to-peer

Le piattaforme di prestito peer-to-peer consentono agli individui di prestare denaro ad altri in cambio del pagamento di interessi. Investendo in prestiti peer-to-peer, puoi guadagnare un reddito passivo dagli interessi generati sui prestiti.

Esempio: Mark investe in piattaforme di prestito peer-to-peer e presta denaro ai mutuatari. Mentre i mutuatari rimborsano i loro prestiti con gli interessi, Mark guadagna un reddito passivo da questi investimenti.

5. Marketing di affiliazione

Il marketing di affiliazione prevede la promozione di prodotti o servizi tramite link di affiliazione e il guadagno di una commissione per ogni vendita o referral. Collaborando con le aziende e promuovendo i loro prodotti, puoi generare entrate passive attraverso le commissioni di affiliazione.

Esempio: Alex crea un blog in cui recensisce prodotti tecnologici e include collegamenti di affiliazione a questi prodotti. Quando i lettori acquistano prodotti tramite i suoi link di affiliazione, Alex guadagna una commissione su ogni vendita, generando un reddito passivo.

Passaggi per creare una strategia di reddito passivo

1. Stabilisci obiettivi finanziari

Prima di costruire una strategia di reddito passivo, è essenziale definire i tuoi obiettivi e traguardi finanziari. Determina la quantità di reddito passivo che intendi generare, la tempistica per il raggiungimento di questi obiettivi e le risorse di investimento che sei disposto a allocare.

2. Identificare opportunità di reddito passivo

Ricerca ed esplora diverse opportunità di reddito passivo in linea con i tuoi interessi, competenze e obiettivi finanziari. Considera il livello di rischio, l'impegno in termini di tempo e i potenziali rendimenti associati a ciascuna opportunità.

3. Creare un portafoglio diversificato

La diversificazione è fondamentale per costruire un portafoglio di reddito passivo resiliente. Distribuisci i tuoi investimenti su diverse classi di attività, settori e flussi di reddito per ridurre al minimo il rischio e ottimizzare i rendimenti.

4. Implementare flussi di reddito passivo

Una volta identificate le opportunità di reddito passivo, agisci per implementare questi flussi di reddito. Che si tratti di investire in beni immobili, azioni con dividendi, prodotti digitali o altre iniziative, inizia a generare reddito passivo per costruire la tua ricchezza nel tempo.

5. Monitorare e regolare

Monitora regolarmente le prestazioni dei tuoi flussi di reddito passivo e valuta la loro efficacia nel raggiungere i tuoi obiettivi finanziari. Apporta le modifiche necessarie per ottimizzare il tuo portafoglio e massimizzare il potenziale di reddito passivo.

6. Reinvestire per la crescita

Reinvestire il reddito passivo guadagnato può accelerare il tuo percorso di creazione di ricchezza. Prendi in considerazione la possibilità di reinvestire i tuoi guadagni in nuove opportunità di investimento o di espandere i flussi di reddito esistenti per far crescere ulteriormente il tuo portafoglio di reddito passivo.

Sfide e considerazioni

Sebbene la creazione di una strategia di reddito passivo offra molti vantaggi, ci sono diverse sfide e considerazioni da tenere a mente:

- Investimento iniziale: alcune opportunità di reddito passivo possono richiedere un investimento iniziale significativo per generare rendimenti sostanziali.
- Rischi di mercato: i flussi di reddito passivo sono suscettibili alle fluttuazioni del mercato e alle condizioni economiche che potrebbero influire sui tuoi guadagni.
- Tempo e impegno: nonostante siano passivi, alcuni flussi di reddito potrebbero comunque richiedere uno sforzo iniziale per l'impostazione e un monitoraggio continuo per garantire rendimenti costanti.
- Implicazioni normative e fiscali: diverse fonti di reddito passivo possono avere implicazioni fiscali e requisiti normativi diversi che è necessario rispettare.
- Concorrenza: a seconda dell'opportunità di reddito passivo, potresti dover affrontare la concorrenza di altri investitori o aziende in lizza per la stessa quota di mercato.

Conclusione

In conclusione, la creazione di una strategia di reddito passivo è un modo strategico per creare ricchezza, raggiungere l'indipendenza finanziaria e diversificare le proprie fonti di reddito. Comprendendo le varie opportunità di reddito passivo disponibili, stabilendo obiettivi finanziari chiari e adottando misure proattive per implementare flussi di reddito passivo, è possibile creare un portafoglio solido che generi ricchezza e stabilità finanziaria a lungo termine. Sebbene esistano delle sfide nel perseguire un reddito passivo, con un'attenta pianificazione, gestione del rischio e monitoraggio continuo, puoi superare gli ostacoli e imboccare un percorso verso il successo finanziario attraverso la generazione di reddito passivo. Inizia oggi stesso a esplorare le opportunità di reddito passivo e intraprendi il tuo viaggio verso la libertà finanziaria e la prosperità.

# 6

# I miti del reddito passivo sfatati

Negli ultimi anni, il concetto di reddito passivo ha guadagnato una notevole popolarità poiché gli individui cercano modi per integrare le loro fonti primarie di reddito o raggiungere la libertà finanziaria. Il reddito passivo è spesso descritto come un mezzo per generare denaro con il minimo sforzo o investimento di tempo, portando molti a credere che sia un percorso facile verso il successo finanziario. Tuttavia, esistono numerosi miti e malintesi sul reddito passivo che possono fuorviare gli individui e impedire loro di prendere decisioni informate. In questa esplorazione completa, approfondiremo il mondo del reddito passivo, sfatando i miti comuni e facendo luce sulle realtà della creazione di flussi di reddito passivo sostenibili.

Mito 1: il reddito passivo non richiede alcuno sforzo

Uno dei miti più diffusi sul reddito passivo è la convinzione che richieda uno sforzo minimo o nullo per essere generato. Molte persone sono attratte dall'idea di guadagnare denaro mentre dormono o si rilassano su una spiaggia, immaginando il reddito passivo come un modo pratico per accumulare ricchezza. Tuttavia, la realtà è lontana da questa immagine idealistica.

Contrariamente alla credenza popolare, la creazione di flussi di reddito passivo sostenibili di solito richiede notevoli sforzi iniziali, tempo e talvolta anche investimenti finanziari. Che tu stia costruendo un corso online, scrivendo un libro, investendo in beni immobili o sviluppando un prodotto digitale, le fasi iniziali della creazione di fonti di reddito passivo possono richiedere molto lavoro. Spesso implica ricerca, pianificazione, esecuzione e manutenzione continua per garantire che il flusso di reddito rimanga redditizio e rilevante.

Inoltre, anche una volta stabilito un flusso di reddito passivo, in genere richiede un monitoraggio continuo, un'ottimizzazione e aggiornamenti occasionali per rimanere efficace. Ad esempio, se possiedi proprietà in affitto, potresti dover risolvere i problemi degli inquilini, gestire attività di manutenzione e adeguare periodicamente le tariffe di affitto. Allo stesso modo, se hai un'attività online, potresti dover aggiornare i tuoi prodotti o le tue strategie di marketing per rimanere competitivo sul mercato.

Mito 2: Il reddito passivo garantisce la libertà finanziaria

Un altro malinteso comune sul reddito passivo è la convinzione che esso garantisca la libertà finanziaria o una vita di svago. Sebbene il reddito passivo possa fornire un flusso di entrate aggiuntivo e potenzialmente contribuire alla stabilità finanziaria a lungo termine, non è un percorso infallibile verso la completa indipendenza finanziaria.

La quantità di reddito passivo che puoi generare dipende fortemente da vari fattori, tra cui il tipo di flusso di reddito, il livello di investimento iniziale, le condizioni di mercato e la tua capacità di ampliare la fonte di reddito. Ad esempio, mentre alcune iniziative di reddito passivo possono produrre rendimenti costanti e sostanziali, altre possono generare solo guadagni modesti che non coprono tutte le spese.

Inoltre, fare affidamento esclusivamente sul reddito passivo senza diversificare i flussi di entrate può essere rischioso, soprattutto in ambienti economici volatili. I cambiamenti nelle tendenze del mercato, nelle politiche normative o nel comportamento dei consumatori possono avere un impatto sulla redditività delle fonti di reddito passive, rendendole meno affidabili come unica fonte di reddito.

Per raggiungere la vera libertà finanziaria, è fondamentale adottare un approccio olistico alla creazione di ricchezza che combini flussi di reddito passivo con fonti di reddito attive, investimenti, risparmi e una prudente pianificazione finanziaria. Diversificare i flussi di reddito può aiutare a mitigare i rischi e fornire maggiore sicurezza finanziaria a lungo termine.

Mito 3: Il reddito passivo è facile e veloce da ottenere

Molti individui sono attratti dall'idea sbagliata che il reddito passivo possa essere stabilito senza sforzo e rapidamente, portandoli a perseguire schemi per arricchirsi rapidamente o opportunità dubbie che promettono rendimenti elevati con il minimo sforzo. In realtà, i flussi di reddito passivo legittimi e sostenibili richiedono in genere tempo, dedizione e una strategia ponderata per essere sviluppati.

Costruire un flusso di reddito passivo che generi guadagni costanti e affidabili richiede un'attenta pianificazione, ricerca ed esecuzione. Che tu stia avviando un blog, lanciando un negozio di e-commerce, investendo in azioni che pagano dividendi o creando prodotti digitali, ogni impresa richiede un significativo investimento di tempo ed energia per gettare le basi per un successo a lungo termine.

Inoltre, il processo di creazione di flussi di reddito passivo può essere irto di sfide, battute d'arresto e incertezze. Potrebbero essere necessari mesi o addirittura anni di tentativi ed errori per perfezionare il tuo approccio, attirare clienti, ottimizzare i canali di guadagno e ampliare le tue risorse generatrici di reddito. Pazienza, resilienza e volontà di imparare dai fallimenti sono qualità essenziali per chiunque cerchi di costruire flussi di reddito passivo sostenibili.

Inoltre, l'idea che il reddito passivo possa essere raggiunto dall'oggi al domani o con il minimo sforzo è un mito fuorviante che può portare gli individui a prendere decisioni impulsive o poco informate. Per evitare di cadere preda di aspettative irrealistiche, è essenziale affrontare la generazione di reddito passivo con una mentalità realistica, una prospettiva a lungo termine e la volontà di investire il tempo e gli sforzi necessari per avere successo.

Mito 4: Il reddito passivo è passivo per sempre

Un altro mito diffuso sul reddito passivo è il presupposto che, una volta stabiliti, i flussi di reddito passivo rimangano tali per sempre, richiedendo poco o nessun mantenimento o coinvolgimento continuo. Sebbene le fonti di reddito passivo possano effettivamente generare entrate con un coinvolgimento quotidiano ridotto rispetto alle attività di reddito attivo, non sono del tutto indipendenti o immuni da fattori esterni.

I flussi di reddito passivo, siano essi immobili in affitto, royalties, dividendi o attività online, richiedono monitoraggio, gestione e ottimizzazione continui per garantirne la continua redditività e pertinenza. Le dinamiche di mercato, le preferenze dei consumatori, i progressi tecnologici, i cambiamenti normativi e altri fattori esterni possono influire sulla performance delle fonti di reddito passivo, richiedendo aggiustamenti e aggiornamenti periodici.

Ad esempio, se possiedi proprietà in affitto, potresti dover affrontare i problemi degli inquilini, effettuare la manutenzione della proprietà e adeguare le tariffe di affitto in risposta alle condizioni di mercato. Se guadagni un reddito passivo da prodotti digitali o corsi online, potresti dover aggiornare i tuoi contenuti, le tue strategie di marketing o le tue piattaforme per rimanere competitivo e soddisfare le esigenze dei clienti in evoluzione.

Inoltre, diversificare i flussi di reddito passivo può aiutare a distribuire i rischi, massimizzare le opportunità e creare un portafoglio di reddito più resiliente. Affidarsi a un'unica fonte di reddito passivo può esporvi a vulnerabilità significative se tale fonte diventa obsoleta, non redditizia o interrotta da fattori esterni al di fuori del vostro controllo.

Mito 5: Il reddito passivo non richiede abilità o esperienza

Esiste un malinteso comune secondo cui le iniziative di reddito passivo non richiedono competenze o competenze specializzate per avere successo. Alcune persone credono che chiunque possa generare reddito passivo indipendentemente dal proprio background, esperienza o conoscenza, portandoli a sottovalutare l'importanza dello sviluppo delle competenze e dell'apprendimento continuo nella costruzione di flussi di reddito sostenibili.

In realtà, la creazione di fonti di reddito passivo redditizie spesso richiede una serie diversificata di competenze, che vanno dal marketing e dalle vendite allo sviluppo del prodotto, all'analisi degli investimenti, alla gestione finanziaria e all'acume imprenditoriale. Che tu stia pubblicando un libro, lanciando un podcast, vendendo proprietà immobiliari o investendo in azioni, ogni attività di reddito passivo richiede una combinazione unica di abilità e competenze per massimizzare il suo potenziale di successo.

Inoltre, acquisire e affinare queste abilità può richiedere tempo, impegno e volontà di uscire dalla propria zona di comfort. Imparare a creare contenuti accattivanti, ottimizzare le campagne di marketing digitale, negoziare accordi immobiliari o analizzare i mercati finanziari sono capacità essenziali per chiunque aspiri a costruire flussi di reddito passivo sostenibili.

Inoltre, rimanere informati sulle tendenze del settore, sugli sviluppi del mercato e sulle migliori pratiche nella generazione di reddito passivo è fondamentale per adattarsi alle mutevoli condizioni e massimizzare il potenziale di guadagno. Investire nella tua crescita personale e professionale attraverso l'istruzione, la formazione, il tutoraggio e il networking può aiutarti a sviluppare le competenze e le competenze necessarie per prosperare nel panorama competitivo della generazione di reddito passivo.

Mito 6: il reddito passivo è privo di rischi

Uno dei miti più pericolosi che circondano il reddito passivo è la convinzione che sia completamente privo di rischi e immune alle recessioni economiche, alle fluttuazioni del mercato o agli eventi imprevisti. Sebbene le fonti di reddito passivo possano fornire un certo grado di stabilità e prevedibilità rispetto ai flussi di reddito attivo, non sono prive di rischi e vulnerabilità che possono incidere sulla loro redditività e sostenibilità.

Vari fattori possono comportare rischi per i flussi di reddito passivo, compresi i cambiamenti nella domanda dei consumatori, le pressioni competitive, i cambiamenti normativi, le interruzioni tecnologiche, i disastri naturali e le crisi globali. Ad esempio, se fai affidamento su azioni che pagano dividendi per ottenere un reddito passivo, le fluttuazioni dei prezzi delle azioni, i tagli dei dividendi o i fallimenti aziendali possono erodere i rendimenti degli investimenti.

Allo stesso modo, se possiedi proprietà in affitto, potresti essere esposto a rischi quali danni alla proprietà, inadempienza dell'inquilino, controversie legali o modifiche alle normative locali sugli alloggi che possono influire sul reddito da locazione e sul valore della proprietà. Anche i prodotti digitali o le attività online non sono immuni da rischi quali minacce alla sicurezza informatica, cambiamenti della piattaforma o tendenze di mercato in evoluzione che possono incidere sulla loro redditività.

Per mitigare i rischi associati alle iniziative di reddito passivo, è essenziale condurre un'accurata due diligence, diversificare le fonti di reddito, pianificare gli imprevisti e rimanere informati sulle potenziali minacce ai flussi di entrate. Costruire un portafoglio di reddito passivo resiliente in grado di resistere a incertezze e sfide richiede un approccio proattivo e strategico alla gestione del rischio e alla pianificazione finanziaria.

Mito 7: Il reddito passivo richiede un grande investimento iniziale

Un altro malinteso comune sul reddito passivo è la convinzione che sia necessario un grande investimento iniziale di denaro, tempo o risorse per iniziare. Sebbene alcune iniziative di reddito passivo possano effettivamente richiedere notevoli esborsi di capitale o sforzi iniziali, ci sono varie opzioni a basso costo e accessibili disponibili per le persone che desiderano creare flussi di reddito passivo con un budget limitato.

Ad esempio, avviare un blog, creare prodotti digitali, marketing di affiliazione, dropshipping e tutoraggio online sono modi relativamente economici per generare reddito passivo con un investimento iniziale minimo. Queste opportunità richiedono in genere un impegno finanziario modesto per la registrazione del dominio, l'hosting di siti Web, la creazione di contenuti o le spese di marketing, rendendole accessibili agli aspiranti imprenditori con risorse limitate.

Inoltre, molte strategie di reddito passivo possono essere adattate gradualmente nel tempo man mano che il flusso di reddito cresce, consentendoti di reinvestire i profitti nella tua impresa per ampliarne la portata e l'impatto. Che tu stia costruendo un portafoglio di proprietà in affitto, lanciando un negozio di e-commerce o investendo in azioni che pagano dividendi, puoi iniziare in piccolo e aumentare gradualmente il tuo investimento man mano che il tuo flusso di reddito passivo diventa più redditizio.

È essenziale sfatare il mito secondo cui il reddito passivo richiede un grande investimento iniziale per iniziare, poiché questo malinteso può dissuadere le persone dall'esplorare opportunità praticabili in linea con i loro interessi, competenze e risorse disponibili. Adottando un approccio strategico e incrementale alla generazione di reddito passivo, puoi costruire un flusso di reddito sostenibile che integri i tuoi obiettivi finanziari e le tue preferenze di stile di vita.

Mito 8: Il reddito passivo è uno schema per arricchirsi rapidamente

Uno dei miti più diffusi sul reddito passivo è l'idea che si tratti di uno schema per arricchirsi rapidamente che promette ricchezza dall'oggi al domani e successo finanziario senza sforzi o sacrifici. Questo mito è stato perpetuato da vari schemi fraudolenti, tattiche di marketing fuorvianti e affermazioni non realistiche che sfruttano individui che cercano scorciatoie rapide per la prosperità finanziaria.

In realtà, flussi di reddito passivo legittimi e sostenibili richiedono tempo, dedizione e perseveranza per svilupparsi e crescere. Sebbene sia possibile generare entrate significative attraverso mezzi passivi, raggiungere un successo finanziario duraturo attraverso il reddito passivo implica in genere un impegno a lungo termine, una pianificazione strategica e uno sforzo continuo per ottimizzare ed espandere i flussi di entrate.

Evitare schemi per arricchirsi velocemente e affermazioni non realistiche è essenziale per proteggersi da truffe finanziarie, schemi fraudolenti e opportunità dubbie che promettono rendimenti elevati con uno sforzo minimo o nullo. Conducendo ricerche approfondite, chiedendo consigli a fonti attendibili e avvicinandoti alla generazione di reddito passivo con una buona dose di scetticismo, puoi prendere decisioni informate in linea con i tuoi obiettivi e valori finanziari.

Inoltre, comprendere che la creazione di flussi di reddito passivo sostenibili è un processo graduale e iterativo può aiutarti a stabilire aspettative realistiche, gestire i rischi in modo efficace e rimanere concentrato sulla crescita e sulla prosperità a lungo termine. Sfatando il mito del reddito passivo come sistema per arricchirsi rapidamente, puoi coltivare una mentalità di pazienza, resilienza e tenacia nel tuo viaggio verso l'indipendenza finanziaria e l'abbondanza.

Mito 9: Il reddito passivo può sostituire completamente il reddito attivo

Uno dei miti che circondano il reddito passivo è la convinzione che possa sostituire completamente il reddito attivo derivante dall'occupazione tradizionale o dalle attività commerciali, consentendo agli individui di andare in pensione anticipatamente o di vivere esclusivamente dei propri guadagni passivi. Sebbene il reddito passivo possa integrare e diversificare le fonti di reddito, è improbabile che possa sostituire interamente il reddito attivo per la maggior parte delle persone a causa di varie limitazioni e vincoli.

La quantità di reddito passivo che puoi generare dipende da numerosi fattori, tra cui il tipo di flusso di reddito, il livello di investimento iniziale, le condizioni di mercato e la tua capacità di ampliare la fonte di reddito. Mentre alcuni individui possono raggiungere un livello elevato di reddito passivo che copre le spese di soggiorno e gli obiettivi finanziari, la maggior parte delle persone scoprirà che il reddito passivo da solo non è sufficiente a sostituire l'intero reddito attivo.

Inoltre, le fonti di reddito passivo non sono garantite o stabili nello stesso modo in cui lo possono essere il lavoro regolare o il reddito d'impresa. Le fluttuazioni delle condizioni di mercato, del comportamento dei consumatori, delle innovazioni tecnologiche e dei cambiamenti normativi possono avere un impatto sulla redditività e sulla fattibilità dei flussi di reddito passivo, rendendoli meno affidabili come unica fonte di reddito.

Per costruire un portafoglio di reddito diversificato e resiliente, è essenziale combinare flussi di reddito passivo con fonti di reddito attive, investimenti, risparmi e strategie di pianificazione finanziaria in linea con i tuoi obiettivi finanziari a breve e lungo termine. Sfruttando un mix di flussi di reddito attivi e passivi, è possibile creare una solida base finanziaria in grado di resistere alle incertezze e alle sfide del dinamico panorama economico.

## I MITI DEL REDDITO PASSIVO SFATATI

Mito 10: Il reddito passivo non richiede apprendimento o adattamento continuo

Un mito comune sul reddito passivo è la convinzione che una volta stabiliti flussi di reddito passivo, non sia necessario apprendimento, adattamento o innovazione continui per mantenere e far crescere le proprie fonti di reddito. Questo malinteso può portare gli individui a diventare compiacenti, stagnanti e vulnerabili alle perturbazioni del mercato che possono influenzare la redditività e la sostenibilità delle loro iniziative di reddito passivo.

In realtà, il panorama della generazione di reddito passivo è in continua evoluzione, con nuove tecnologie, tendenze di mercato, preferenze dei consumatori e cambiamenti normativi che influenzano l'andamento dei flussi di reddito. Per rimanere competitivi, rilevanti e redditizi, i percettori di reddito passivo devono abbracciare l'apprendimento permanente, l'adattabilità e una mentalità di crescita che consenta loro di affrontare le sfide e cogliere le opportunità in un mercato in continua evoluzione.

Che tu stia gestendo un'attività online, investendo in beni immobili, creando prodotti digitali o monetizzando la tua esperienza, rimanere informato sugli sviluppi del settore, sulle tendenze emergenti e sulle migliori pratiche nella generazione di reddito passivo è essenziale per ottimizzare i flussi di reddito e massimizzare i guadagni. potenziale. L'apprendimento e l'adattamento continui ti consentono di innovare, diversificare e ampliare le tue fonti di reddito passivo per raggiungere nuovi segmenti di pubblico e flussi di entrate.

Inoltre, cercare feedback dai clienti, rimanere al passo con i progressi tecnologici, fare rete con professionisti del settore e confrontare le proprie prestazioni con quelle della concorrenza può fornire preziose informazioni e indicazioni strategiche per migliorare la redditività e la sostenibilità delle proprie iniziative di reddito passivo. Dissipando il mito secondo cui il reddito passivo non richiede apprendimento o adattamento continuo, puoi posizionarti per il successo e la crescita a lungo termine nel panorama competitivo della generazione di reddito.

Sfatare i miti: la realtà della generazione di reddito passivo

In conclusione, il reddito passivo è un modo praticabile e interessante per integrare il proprio reddito, raggiungere l'indipendenza finanziaria e costruire ricchezza a lungo termine. Tuttavia, è essenziale dissipare i miti comuni e le idee sbagliate sul reddito passivo per prendere decisioni informate, stabilire aspettative realistiche e creare flussi di reddito sostenibili in linea con i propri obiettivi finanziari e le preferenze di stile di vita.

Il reddito passivo richiede impegno, tempo e dedizione per affermarsi e crescere in modo efficace. Non è un percorso garantito verso la libertà finanziaria o un programma per arricchirsi rapidamente che promette ricchezza dall'oggi al domani senza duro lavoro. I flussi di reddito passivo sostenibili richiedono manutenzione, ottimizzazione e adattamento continui per rimanere redditizi e rilevanti in un mercato dinamico e competitivo.

Inoltre, la creazione di flussi di reddito passivo richiede capacità, esperienza e volontà di apprendere e adattarsi alle mutevoli condizioni del mercato. Non è del tutto esente da rischi e può comportare alcune vulnerabilità che possono incidere sulla performance e sulla redditività delle fonti di reddito. Avvicinandosi alla generazione di reddito passivo con una mentalità strategica, una prospettiva a lungo termine e un impegno per l'apprendimento e il miglioramento continui, è possibile costruire un portafoglio di reddito resiliente che resiste alle sfide e prospera in un panorama economico dinamico.

In definitiva, sfatare i miti che circondano il reddito passivo ti consente di prendere decisioni informate, gestire i rischi in modo efficace e perseguire opportunità in linea con i tuoi obiettivi e valori finanziari. Abbracciando la realtà della generazione di reddito passivo e adottando una mentalità di diligenza, resilienza e adattabilità, puoi creare flussi di reddito sostenibili che contribuiscono al tuo benessere finanziario, alla crescita personale e alla prosperità a lungo termine.

# 7

# Considerazioni sull'imposta passiva sul reddito

Il reddito passivo è il reddito guadagnato da proprietà in affitto, società in accomandita semplice o altre imprese in cui una persona non è attivamente coinvolta. È spesso visto come un modo per generare reddito senza dover lavorare attivamente per ottenerlo. Il reddito passivo può provenire da varie fonti, tra cui immobili in affitto, azioni che pagano dividendi, royalties e interessi attivi.

La pianificazione della sostenibilità del reddito passivo a lungo termine implica la creazione di una strategia per garantire che i flussi di reddito passivo continuino a generare entrate per un lungo periodo di tempo. Ciò può comportare la diversificazione delle fonti di reddito, l'investimento in attività generatrici di reddito e la gestione efficace delle considerazioni fiscali per massimizzare i rendimenti e ridurre al minimo le passività fiscali.

Un aspetto chiave della pianificazione per la sostenibilità del reddito passivo a lungo termine è comprendere le implicazioni fiscali del reddito passivo. Le tasse svolgono un ruolo significativo nel determinare la redditività complessiva dei flussi di reddito passivo ed è fondamentale considerare le considerazioni fiscali quando si pianifica la sostenibilità a lungo termine.

Ecco alcune considerazioni fiscali chiave da tenere a mente quando si pianifica la sostenibilità del reddito passivo a lungo termine:

1. Tassazione delle diverse fonti di reddito passivo: diversi tipi di fonti di reddito passivo sono tassati in modo diverso. Comprendere il trattamento fiscale di ciascuna fonte di reddito è essenziale per massimizzare l'efficienza fiscale. Ad esempio, il reddito da locazione è generalmente tassato come reddito ordinario, mentre i dividendi derivanti dalle azioni possono essere tassati a un'aliquota inferiore.

2. Regole sulle perdite di attività passive: l'IRS dispone di regole che limitano la capacità di detrarre le perdite da attività passive rispetto ad altre forme di reddito. È importante comprendere queste regole e pianificare di conseguenza le attività di reddito passivo per ridurre al minimo l'impatto delle limitazioni alla perdita di attività passive.

3. Deprezzamento e ammortamento: gli investimenti immobiliari spesso beneficiano di detrazioni di ammortamento, che possono aiutare a compensare il reddito passivo e ridurre le passività fiscali. Comprendere come funzionano il deprezzamento e l'ammortamento può essere utile nel ridurre le tasse sul reddito passivo.

4. Imposta sul reddito da investimenti netti: L'imposta sul reddito da investimenti netti (NIIT) è una sovrattassa del 3,8% su alcuni tipi di redditi da investimenti, compreso il reddito passivo come interessi, dividendi e plusvalenze. Pianificare questa imposta aggiuntiva è essenziale per evitare sorprese e ottimizzare l'efficienza fiscale.

5. Detrazione del reddito d'impresa qualificato: per alcuni tipi di entità pass-through, come le società di persone e le S-corporation, la detrazione del reddito d'impresa qualificato (QBI) può fornire notevoli risparmi fiscali. È importante esplorare le opportunità per beneficiare di questa detrazione e massimizzare i benefici fiscali.

6. Strategie di investimento fiscalmente efficienti: investire in asset fiscalmente efficienti e utilizzare strategie come il tax-loss Harvesting può aiutare a ridurre al minimo le passività fiscali sul reddito passivo. Lavorare con un professionista fiscale può aiutarti a identificare le strategie di investimento più efficienti dal punto di vista fiscale per la tua situazione specifica.

7. Ritenuta fiscale e imposte stimate: assicurarsi di disporre della ritenuta fiscale adeguata o di effettuare pagamenti fiscali stimati sul reddito passivo è essenziale per evitare sanzioni per mancato pagamento. Il monitoraggio dei tuoi obblighi fiscali durante tutto l'anno può aiutarti a rimanere in linea con i pagamenti delle tasse.

8. Considerazioni sulla pianificazione patrimoniale: la pianificazione patrimoniale è un aspetto importante della sostenibilità del reddito passivo a lungo termine, soprattutto in termini

di riduzione delle tasse sulla successione e garanzia di un trasferimento regolare dei beni alle generazioni future. Lavorare con un avvocato specializzato in pianificazione patrimoniale può aiutarti a sviluppare un piano completo in linea con i tuoi obiettivi a lungo termine.

In conclusione, la pianificazione della sostenibilità del reddito passivo a lungo termine richiede una conoscenza approfondita delle considerazioni fiscali associate al reddito passivo. Considerando le implicazioni fiscali delle diverse fonti di reddito, sfruttando strategie fiscalmente efficienti e incorporando la pianificazione fiscale nella tua strategia finanziaria complessiva, puoi massimizzare la redditività dei tuoi flussi di reddito passivo e garantire la sostenibilità a lungo termine.

# 8

# Superare le sfide comuni nel reddito passivo

Generare reddito passivo è una prospettiva allettante per molte persone che cercano libertà e sicurezza finanziaria. I flussi di reddito passivo possono fornire una fonte costante di entrate senza richiedere sforzi costanti o investimenti di tempo. Tuttavia, nonostante i suoi numerosi vantaggi, la generazione di reddito passivo comporta una serie di sfide che gli individui devono superare. In questa guida completa, approfondiremo le sfide comuni affrontate quando si creano flussi di reddito passivo ed esploreremo le strategie per superarle in modo efficace.

1. Investimento di capitale iniziale: una delle sfide principali nella generazione di reddito passivo è il requisito di un investimento di capitale iniziale. Che si tratti di investire in beni immobili, azioni o avviare un'attività online, molte opportunità di reddito passivo richiedono un impegno finanziario anticipato. Ciò può rappresentare un ostacolo significativo per gli individui che potrebbero non disporre di risparmi sufficienti o di accesso

al capitale.

- Strategia di superamento:
 - Inizia in piccolo: valuta la possibilità di iniziare con opportunità di reddito passivo a basso costo come marketing di affiliazione, corsi online o piattaforme di prestito peer-to-peer che richiedono un investimento iniziale minimo.
 - Budgeting: concentrarsi sul risparmio e sul budget per allocare fondi verso iniziative passive che generano reddito. Ridurre le spese inutili per liberare capitale da investire.
 - Finanziamento con leva finanziaria: esplora opzioni come prestiti peer-to-peer, microprestiti o crowdfunding per raccogliere capitali per i tuoi progetti di reddito passivo.

2. Investimento in tempo e impegno: sebbene il reddito passivo sia spesso associato a uno sforzo minimo, la creazione e il mantenimento di flussi di reddito passivo richiedono tempo e dedizione, soprattutto nelle fasi iniziali. Trovare un equilibrio tra il lavoro a tempo pieno o altri impegni e la creazione di fonti di reddito passivo può essere difficile.

- Strategia di superamento:
 - Automazione e outsourcing: utilizzare strumenti di automazione ed esternalizzare le attività ove possibile per ridurre il tempo e gli sforzi necessari per gestire i flussi di reddito passivo. Ad esempio, utilizza l'automazione dell'email marketing per un'attività online o assumi una società di gestione immobiliare per proprietà in affitto.
 - Costruisci sistemi: sviluppa sistemi e processi efficienti che semplificano le operazioni delle tue iniziative di reddito passivo. Ciò potrebbe comportare la creazione di flussi di lavoro

standardizzati o l'utilizzo di strumenti di gestione dei progetti per migliorare la produttività.

- Gestione del tempo: dare priorità ai compiti, stabilire obiettivi chiari e stabilire una routine quotidiana strutturata che dedichi tempo specifico al lavoro su progetti di reddito passivo.

3. Volatilità e rischio di mercato: molte opportunità di reddito passivo, come investimenti azionari o immobiliari, sono soggette alle fluttuazioni del mercato e ai rischi inerenti. Recessioni economiche, cambiamenti normativi o eventi imprevisti possono influire sulla performance dei flussi di reddito passivo.

- Strategia di superamento:
  - Diversificazione: distribuisci i tuoi investimenti su diverse classi di attività o settori per ridurre l'esposizione al rischio. La diversificazione aiuta ad attenuare l'impatto della volatilità del mercato sul tuo portafoglio di reddito passivo complessivo.
  - Ricerca e analisi: condurre ricerche e analisi approfondite prima di investire in qualsiasi opportunità di reddito passivo. Rimani informato sulle tendenze del mercato, sugli indicatori economici e sulle notizie rilevanti che potrebbero influenzare i tuoi investimenti.
  - Gestione del rischio: imposta ordini stop-loss per investimenti azionari, mantieni un fondo di emergenza per spese impreviste e considera opzioni assicurative per proteggere i tuoi beni da potenziali rischi.

4. Opzioni di reddito passivo limitate: trovare le giuste opportunità di reddito passivo in linea con le tue capacità, interessi e obiettivi finanziari può essere una sfida. Alcuni individui potrebbero avere difficoltà a identificare valide fonti di reddito

passivo adatte alle loro circostanze.

- Strategia di superamento:
  - Esplora varie opzioni: ricerca diversi flussi di reddito passivo come proprietà in affitto, azioni con dividendi, prestiti peer-to-peer, royalties da lavori creativi o creazione di prodotti digitali. Sperimenta strade diverse per trovare quella che funziona meglio per te.
  - Sviluppo delle competenze: investire nell'acquisizione di nuove competenze o nel potenziamento di quelle esistenti che possono aprire nuove opportunità di reddito passivo. Prendi in considerazione la possibilità di seguire corsi, frequentare workshop o ottenere certificazioni in aree come il marketing digitale, la codifica o la progettazione grafica.
  - Networking: Connettiti con altri individui che hanno costruito con successo flussi di reddito passivo. Partecipa a conferenze, unisciti a comunità online o cerca un tutoraggio per imparare dalle loro esperienze e ottenere approfondimenti su potenziali vie di reddito passivo.

5. Mancanza di coerenza e persistenza: costruire flussi di reddito passivo sostenibili richiede sforzi costanti e perseveranza. Molte persone possono incontrare difficoltà nel mantenere la motivazione, soprattutto quando i risultati non sono immediati o come previsto.

- Strategia di superamento:
  - Stabilisci obiettivi chiari: definisci obiettivi specifici, misurabili, realizzabili, pertinenti e con limiti di tempo (SMART) per le tue iniziative di reddito passivo. Rivedi e modifica regolarmente i tuoi obiettivi per rimanere motivato e concentrato.

- Festeggia i traguardi: riconosci e celebra le piccole vittorie lungo il percorso per mantenerti motivato. Riconoscere i progressi, non importa quanto piccoli, può aumentare la tua fiducia e spingerti a continuare a lavorare verso i tuoi obiettivi di reddito passivo.

- Mentalità e resilienza: coltivare una mentalità positiva, praticare la resilienza e accogliere i fallimenti come opportunità di apprendimento. Comprendi che le battute d'arresto fanno parte del viaggio e usale come lezioni per migliorare le tue strategie di reddito passivo.

6. Ostacoli normativi e legali: a seconda dei flussi di reddito passivo scelti, potresti incontrare sfide normative, implicazioni fiscali o requisiti legali che possono complicare il processo di generazione di reddito passivo.

- Strategia di superamento:
  - Richiedi una consulenza professionale: consulta consulenti finanziari, professionisti fiscali o esperti legali per comprendere il contesto normativo e le implicazioni legali delle tue attività di reddito passivo. Rimani informato sulle leggi fiscali, sui requisiti di conformità e sulle normative pertinenti.
  - Documentazione e conformità: mantieni registrazioni accurate delle tue entrate, spese e investimenti per garantire la conformità alle leggi fiscali e alle linee guida normative. Tieniti aggiornato su eventuali cambiamenti legislativi che potrebbero avere un impatto sulle tue attività di reddito passivo.
  - Valutazione del rischio: valutare i potenziali rischi legali associati a ciascun flusso di reddito passivo e adottare le precauzioni necessarie per mitigare tali rischi. Prendi in considerazione la creazione di strutture legali come la creazione

di LLC o trust per determinati investimenti.

7. Difficoltà di ridimensionamento: ridimensionare i flussi di reddito passivo per generare entrate sostanziali nel tempo può essere impegnativo. Alcune fonti di reddito potrebbero avere limitazioni in termini di scalabilità o richiedere sforzi significativi per espandersi.

- Strategia di superamento:
  - Ottimizza l'efficienza: cerca continuamente modi per ottimizzare e aumentare l'efficienza delle tue fonti di reddito passivo. Identifica opportunità di scalabilità automatizzando i processi, esternalizzando attività ripetitive o sfruttando la tecnologia.
  - Reinvestire i profitti: reinvestire una parte dei profitti del reddito passivo nell'azienda o negli investimenti per alimentare la crescita e la scalabilità. Valuta la possibilità di diversificare in nuovi mercati o di espandere le linee di prodotti per raggiungere un pubblico più ampio.
  - Partenariati strategici: crea partenariati strategici con altri imprenditori, aziende o investitori per collaborare all'ampliamento delle tue iniziative di reddito passivo. Metti in comune risorse, competenze e reti per accelerare la crescita ed espandere la tua portata.

In conclusione, generare reddito passivo implica affrontare varie sfide che possono mettere alla prova il tuo acume finanziario, la tua resilienza e la tua determinazione. Comprendendo questi ostacoli comuni e implementando strategie efficaci per superarli, è possibile creare flussi di reddito passivo sostenibili che forniscano stabilità finanziaria e libertà a lungo termine. Ricorda che la perseveranza, l'apprendimento continuo e un approccio proattivo sono fondamentali per generare con successo un reddito passivo e raggiungere i tuoi obiettivi finanziari.

www.ingramcontent.com/pod-product-compliance
Lightning Source LLC
Chambersburg PA
CBHW070415230526
45471CB00006B/2819